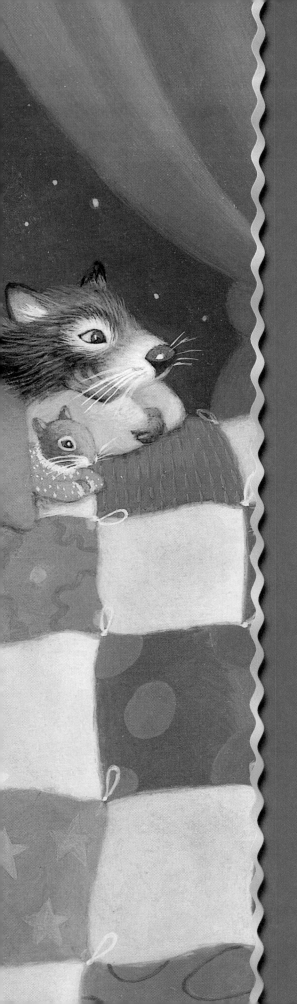

Lectura

Scott Foresman

¡Qué bien la pasamos!

Míralo de cerca

Juntos aprendemos

¡Me gusta!

Voy contigo

¡Qué sorpresa!

Scott Foresman

Conozcamos a la ilustradora de la portada
Maryjane Begin y su familia viven en Providence, Rhode Island, donde enseña a estudiantes universitarios y se dedica al arte. Muchas de sus ilustraciones, incluso las de lugares imaginarios, reflejan cosas de Providence.

ISBN 0-673-60549-3

4 5 6 7 8 9 10-VH-06 05 04 03 02

¡Me gusta!

Lectura

Scott Foresman

Autores del programa

George M. Blanco

Ileana Casanova

Jim Cummins

George A. González

Elena Izquierdo

Bertha Pérez

Flora Rodríguez-Brown

Graciela P. Rosenberg

Howard L. Smith

Carmen Tafolla

Scott Foresman

Oficinas editoriales: Glenview, Illinois • New York, New York
Oficinas de ventas: Reading, Massachusetts • Duluth, Georgia • Glenview, Illinois
Carrollton, Texas • Menlo Park, California

¡Me gusta!

El zorro que quería ser lechuza 10
cuento fantástico con animales
por Nellie García de Justicia
ilustrado por Maya Itzna Brooks

La mejor manera de cargar agua 16
cuento folklórico
narrado por Carmen T. Bernier-Grand
ilustrado por Lulu Delacre

Ceci habla con su abuelo 38
ficción realista
por Sharon Fear
ilustrada por Stacey Schuett

La hamaca de la vaca 46
texto repetitivo
por Alma Flor Ada
ilustrado por Viví Escrivá

La visita de Ximena y tío Arturo 72
ficción realista
por Marisa Gast
ilustrada por Eugenie Fernandes

Nuestra reunión familiar 78
narración verídica
por Carmen Tafolla e Israel Tafolla Bernal
Conexión: Estudios sociales

A tapar la calle 95
canción tradicional

El hoyo escondido 98

cuento folklórico

narrado por Eric A. Kimmel
ilustrado por Oki S. Han

La rata y el gato 106

cuento fantástico con animales

por Edward Marshall
de *Tres junto al mar*
ilustrada por James Marshall

La sombra de Miguel 124

cuento fantástico con animales

por Marisol Pereira
ilustrada por Darcia Labrosse

Conexión: Ciencias

Tengo miedo 130

cuento fantástico

por Ivar Da Coll

No tengas miedo al ruido 161

poema

por José Luis Hidalgo

La
rata
y el
gato

por Edward
Marshall

ilustrado por
James Marshall

Una rata fue a dar un paseo.
—¡Qué buen día hace! —dijo—.

Adivina, adivinador **164**
texto informativo
por Margarita Robleda Moguel

Autora célebre
Margarita Robleda Moguel

 ¿Ya ves? **170**
cuento fantástico con animales
por Margarita Robleda Moguel
ilustrado por Andy San Diego

Glosario **186**
Lista de palabras **190**

De gustos no hay
nada escrito.

¡Me gusta!

¿Por qué unas cosas son nuestras favoritas y otras no?

El zorro que quería ser lechuza

por Nellie García de Justicia

ilustrado por Maya Itzna Brooks

CASA DEL ZORRO

Había una vez un zorro que vivía al lado de un pozo.

Un día el zorro dijo: —Quiero volar.

El zorro fue a la casa del perro.

—Perro, quiero volar —dijo el zorro.

—¿De veras? —le preguntó el perro.

—Sí, quiero volar como la lechuza.

—¿Por qué? —dijo el perro.

—Veo volar a la lechuza todos los días —dijo el zorro—. La lechuza puede ver todo desde arriba.

El perro miró al zorro y le hizo
una pregunta:

—¿Te gusta correr?

—Sí, me gusta correr —dijo el
zorro.

El perro miró al zorro y le hizo
otra pregunta:

—¿Te gusta tu cueva en la tierra?

—Sí, me gusta mi cueva en la
tierra —dijo el zorro.

—Si fueras lechuza —dijo el
perro—, no podrías correr ni
tener una cueva en la tierra.

—Entonces me quedo —dijo
el zorro.

Y el zorro se fue corriendo.

La mejor manera de cargar agua

por Carmen T. Bernier-Grand
ilustrado por Lulu Delacre

—¡Juan Bobo! —mamá llamó.

—Sí, mamá —dijo Juan Bobo.

—Por favor, tráeme agua del río
—dijo mamá.

—¡Ay! —lloriqueó Juan Bobo—.
¿Tengo que traerla?

Mamá dejó caer dos baldes
vacíos fuera de la puerta.

—Necesito agua para lavar
los platos —dijo.

—Ay, mamá —dijo Juan Bobo—.
Esos baldes pesan mucho
cuando están llenos.

—Entonces usa otra cosa —dijo
mamá—, pero tráeme agua.

—Ay —dijo Juan Bobo.

Mamá barrió y sacudió el polvo
en la sala y el dormitorio.
Entonces regresó a la cocina.

—Juan Bobo, ¿me trajiste el
agua? —preguntó.

—Sí, mamá —dijo Juan Bobo—.
Y adivina una cosa, mamá. Yo
creo que me estoy poniendo
más fuerte.

—¿Por qué? —dijo mamá.

—Porque —dijo Juan Bobo—,
según yo iba caminando
de regreso del río, el agua
se sentía más y más liviana.

—Eso es muy extraño —dijo mamá.

Entonces ella pisó un gran charco.

—¡Juan Bobo! ¿Es ésta el agua
que me trajiste? —preguntó mamá.

—¡No, mamá! —dijo Juan
Bobo—. El agua que yo te traje
está en esas dos canastas.

Conozcamos a la autora

Carmen T. Bernier-Grand es
puertorriqueña. En Puerto Rico, los
cuentos de Juan Bobo se han
contado desde hace mucho tiempo.
Carmen Bernier-Grand ha narrado
algunos de los cuentos para dar a
conocer el personaje de Juan Bobo
a niños de todas partes.

Conozcamos a la ilustradora

Lulu Delacre nació y creció en Puerto Rico. Los dibujos de "La mejor manera de cargar agua" muestran los colores y sonidos de la isla.

La señora Delacre dice que esconde lagartijas en sus dibujos. ¿Las ves en el cuento?

Hablemos

Juan Bobo ayuda a su mamá a traer agua del río. Y tú, ¿cómo ayudas a tu familia en casa?

Aconseja a Juan Bobo

Imagina que hablas con Juan Bobo. Dile por qué no es buena idea poner el agua en las canastas.

Las labores del hogar

Un **verbo** dice lo que alguien o algo hace.

Los verbos describen una acción.

El niño **lava** los platos.	La mamá **barre** la casa.

Habla

Un día tienes que ayudar a limpiar la casa. Di dos cosas que puedes hacer para ayudar.

Escribe

Escribe dos oraciones sobre cosas que haces para que tu cuarto se vea limpio. Usa verbos.

Ceci habla con su abuelo

por Sharon Fear

ilustrado por Stacey Schuett

—Abuelo, mi mamá de niña, ¿era como yo? —preguntó Ceci.

—Sí, a ella le gustaba hacer muchas cosas, como llevar un cuaderno a todas partes y escribir cuentos en él, como tú —dijo el abuelo.

El abuelo continuó: —Un día
tu mamá escribió este cuento:
"Había una vez una hormiga en
un cerco, pero se cayó a la acera.
¡Qué horror!"

—Y mi abuela, ¿era como yo? —preguntó Ceci.

—Sí, era como tú —dijo el abuelo.

—Tu abuela era hermosa, con cabello negro. Se llamaba Ceci, como tú —dijo el abuelo.

—Le gustaba hacer pasteles y siempre estaba de buen humor. Había veces que nos hacía reír mucho, como tú —dijo el abuelo.

—Abuelo, y yo, ¿soy como tú? —preguntó Ceci.

—Oh, no —dijo el abuelo—. A mí me gusta jugar a las damas. Nadie juega como yo.

—Abuelo —dijo Ceci—, me gusta estar cerca de ti. Me parece que voy a aprender a jugar a las damas muy bien. ¡Y seré como tú!

La hamaca de la vaca
o Un amigo más

por **Alma Flor Ada**

ilustrado por **Viví Escrivá**

¡Qué agradable la sombra!

La hormiga se mece feliz

en la hamaca que tiene en su patio la vaca.

Una rana se acerca croando:

Croac, croac, croac.

—Ven, amiga

—le dice la hormiga.

¡Siempre cabe uno más!

¡Qué agradable la sombra!

La hormiga y la rana

se mecen felices en la hamaca

que tiene en su patio la vaca.

Una pollita se acerca piando:
Pío, pío, pío, pío.

—Ven, amiga
—le dice la hormiga.
¡Siempre cabe uno más!

¡Qué agradable la sombra!
La hormiga, la rana y la pollita
se mecen felices en la hamaca
que tiene en su patio la vaca.

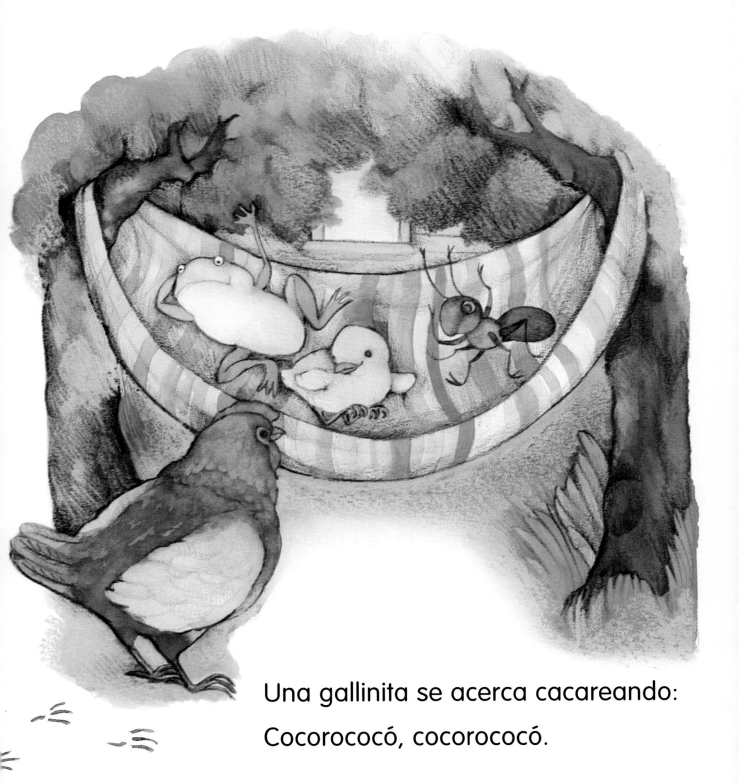

Una gallinita se acerca cacareando:

Cocorococó, cocorococó.

—Ven, amiga

—le dice la hormiga.

¡Siempre cabe uno más!

¡Qué agradable la sombra!

La hormiga, la rana,

la pollita y la gallinita

se mecen felices en la hamaca

que tiene en su patio la vaca.

Una pata se acerca diciendo:
Cuac, cuac, cuac, cuac.

—Ven, amiga
—le dice la hormiga.
¡Siempre cabe uno más!

¡Qué agradable la sombra!
La hormiga, la rana,
la pollita, la gallinita y la pata
se mecen felices en la hamaca
que tiene en su patio la vaca.

Una gata se acerca maullando:

Miau, miau, miarramiau.

—Ven, amiga

—le dice la hormiga.

¡Siempre cabe uno más!

¡Qué agradable la sombra!

La hormiga, la rana,

la pollita y la gallinita,

la pata y la gata

se mecen felices en la hamaca

que tiene en su patio la vaca.

Una perra se acerca ladrando:
Guau, guau, guau, guau.

—Ven, amiga
—le dice la hormiga.
¡Siempre cabe uno más!

¡Qué agradable la sombra!
La hormiga, la rana,
la pollita y la gallinita,
la pata, la gata y la perra
se mecen felices en la hamaca
que tiene en su patio la vaca.

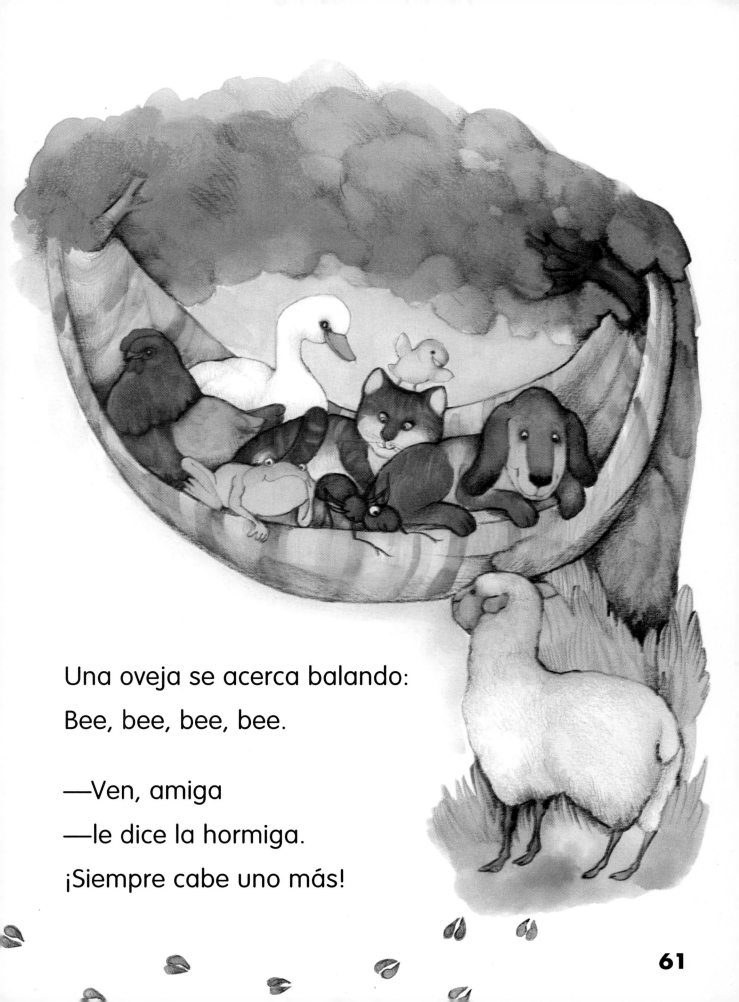

Una oveja se acerca balando:
Bee, bee, bee, bee.

—Ven, amiga
—le dice la hormiga.
¡Siempre cabe uno más!

¡Qué agradable la sombra!
La hormiga, la rana,
la pollita y la gallinita,
la pata y la gata,
la perra y la oveja
se mecen felices en la hamaca
que tiene en su patio la vaca.

¿Y ahora quién se acerca?

La madre elefanta.

¿Qué dirá la hormiga?

Seguro se espanta.

Si esa elefanta
se sube también,
¡pobre de la hamaca
que tiene en su patio
la vaca!

Pero todo lo que se oye
decir a la hormiga es:
—¡Ven, amiga!

¡Cuando se tiene
buena voluntad
siempre hay lugar
para un amigo más!

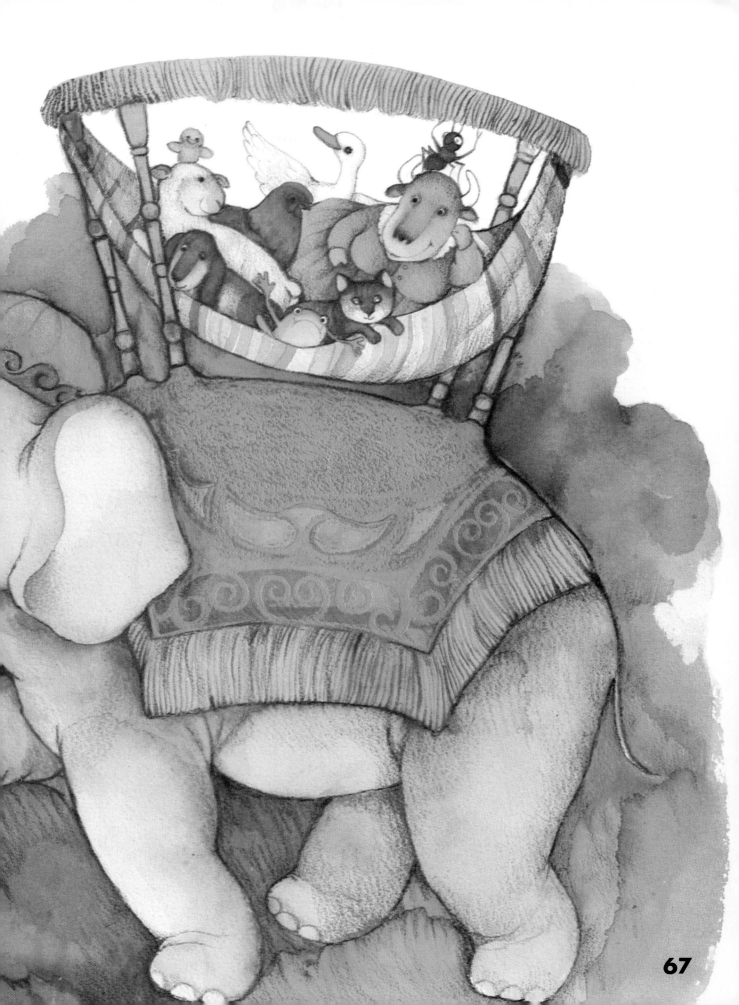

Las amigas de la vaca

La vaca tiene muchas amigas. Éstas son sus amigas:

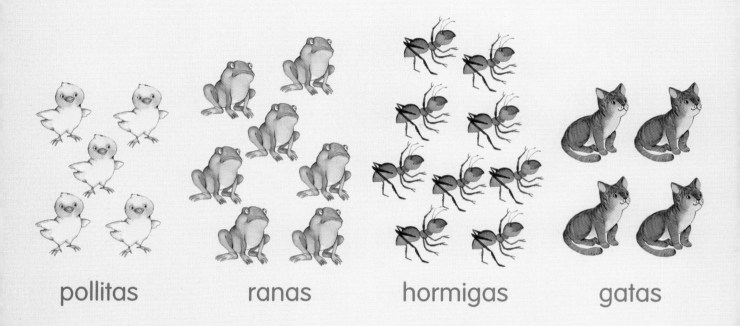

pollitas   ranas   hormigas   gatas

Esta gráfica muestra cuántas amigas tiene la vaca.

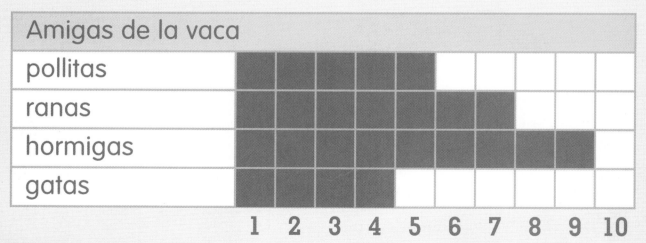

Amigas de la vaca	1	2	3	4	5	6	7	8	9	10
pollitas	█	█	█	█	█					
ranas	█	█	█	█	█	█	█			
hormigas	█	█	█	█	█	█	█	█	█	
gatas	█	█	█	█						

Hablemos

¿De qué animal tiene más amigas la vaca?

¿De qué animal tiene menos amigas la vaca?

Alma Flor Ada

Viví Escrivá

Conozcamos a la autora

Alma Flor Ada nació en Cuba. Ella cree que todos los niños deben quererse y compartir como hermanos, como lo hacen la vaca y sus amigos.

Conozcamos a la ilustradora

Viví Escrivá ama el arte. Ella es pintora, como su mamá y su papá. De niña jugaba con lápices y papel en vez de juguetes.

Hablemos

Cuando viste a la elefanta en el cuento, ¿qué creíste que iba a pasar? ¿Por qué?

Da las gracias

Imagina que eres la elefanta. Escribe una nota para dar gracias a los demás animales. Luego dibújalos.

Querida hormiga,
Gracias por

Buenos amigos

La terminación del verbo cambia de acuerdo a la persona de quien se habla.

Yo **llamo** a mi amiga.

Tú **llamas** a tu amiga.

Tú **corres** a la hamaca.

Usted **corre** a la hamaca.

Yo **escribo** una nota

Sara **escribe** una nota.

Habla

Hay un niño nuevo cerca de tu casa. No conoce a nadie todavía. Di tres cosas que podrías hacer para ayudarlo.

Escribe

Te regalaron una hamaca. Escribe una nota a un amigo o amiga. Dile que quieres que venga a tu casa a mecerse contigo.

La visita de Ximena y tío Arturo

por Marisa Gast

ilustrado por Eugenie Fernandes

—Mamá, ¿a qué hora llegan
mi prima Ximena y mi tío Arturo
de México? —pregunta Sara.

—Llegan a las dos —dice
mamá.

—Pero, ¿van a querer cantar
con nosotros? —pregunta Sara.

—¡Claro que sí! —dice mamá.

—Así que voy a practicar mi
canción —dice Sara.

Ximena llega con tío Arturo.

—¡Ximena! —dice Sara.

—¡Sara! —dice Ximena.

—Vamos a cantar nuestra
canción favorita —dice tío Arturo.

Tío Arturo toca la guitarra.

Todo el mundo canta en coro.

—¿Quién nos canta otra canción?

—pregunta Ximena.

—Ahora canto yo —dice Sara—.

Voy a cantar una canción mexicana.

Sara canta y todos escuchan.

—Ven, Ximena —dice Sara—.

Ahora canta conmigo.

Ximena y Sara cantan en coro.

Tío Arturo toca la guitarra.

Y todo el mundo aplaude.

Nuestra reunión familiar

por Carmen Tafolla
e Israel Tafolla Bernal

El otoño del año pasado tuvimos
una gran reunión familiar. Fue idea
de papá. Pero también fue idea mía.

Todos llegamos al mismo lugar,
a la misma hora. Llegamos al
rancho de mi tío que vive en
Texas. De ahí en adelante nos
divertimos juntos.

Algunos llegaron en carro.

Otros llegaron en avión.

Tío Richard llegó a pie.

La reunión fue en
su rancho.

Llegaron muchos primos
a la reunión. Había también
hermanos, hermanas, padres,
madres, tíos, tías y abuelas.

Todos llevamos algo.

Mi papá llevó *hot dogs*.

Mi tío llevó una sandía.

¿Y qué llevé yo?

¡Mi mejor chiste!

Tío Richard tiene
caballos en el rancho.
También tiene vacas.

Mi abuelita nos mostró
una foto vieja. Era el papá de
mi abuelito. Llevaba puesto un
sombrero y montaba a caballo.

Yo también monté a caballo.

Mi papá llevaba las riendas.

Mi mamá nos tomó una foto.

¡Yo me parecía al papá de
mi abuelito!

Conocí a un primo.

Ronnie tenía seis años como yo.

También le gustaban los chistes.

Fuimos a buscar ranas.

¡Y vimos muchas!

Las ranas se treparon muy

de prisa a un árbol.

Eran muy pequeñas.

Mi primo vio cuatro.

Yo vi cinco.

Vimos otras cosas.

Vimos una cerca grande
y unas ruedas muy viejas.

Por la tarde mi hermana
y mi prima bailaron.
Hacía calor y nos sentamos
en la sombra.

Mamá hizo un árbol familiar.

Ese árbol muestra los nombres

de todos los miembros de

la familia.

Aquí está mi nombre.

No queríamos que se acabara
la diversión. Pero era hora de
regresar a casa.

—Gracias por venir a la reunión
—dijo mamá—. Espero que nos
veamos muy pronto.

Yo no sabía que mi familia era tan grande.

Conocí a un primo. Me divertí mucho
buscando ranas con él. ¡El año que viene
encontraré muchas más!

Creo que el año entrante voy
a conocer más primos.

Carmen Tafolla escribió este cuento con su hijo Israel. Es sobre la reunión familiar que tuvieron en un rancho cerca de San Antonio, Texas. La doctora Tafolla y su hijo escribieron este cuento como si fuera Israel el que habla.

En la reunión, es cierto que Israel conoció a un primo. ¡Y conoció algunas ranas también!

A tapar la calle

Tradicional

A tapar la calle,
que no pase nadie.
Que pase mi abuelo
comiendo buñuelos.
Que pase mi abuela
comiendo ciruelas.
Que pase mi tía
comiendo sandía.
Que pase mi primo
comiendo pepino.
Que pase mi hermana
comiendo manzana.

Hablemos

¿Cuál fue la mejor parte de la reunión? ¿Por qué? ¿Qué más te gustaría hacer en una reunión familiar?

Reunión familiar
sábado
2 de
septiembre
2:00

Haz una invitación

Tú eres el niño del cuento. Haz una invitación para tu reunión familiar.

Picnic en familia

A veces los **verbos** dicen lo que hacen dos o más personas, animales o cosas. Estos verbos terminan en **-n** o en **-s.**

Los niños y las niñas **comen.** Todos **estamos** contentos.

Habla

Observa el dibujo. Busca a dos personas, animales o cosas. Cuenta lo que hacen.

Escribe

Cuenta qué hace tu familia cuando se reúne.

El hoyo escondido

Un cuento japonés

por Eric A. Kimmel
ilustrado por Oki S. Han

Había una vez un anciano que vivía con su esposa. Un día, el anciano se iba a cortar madera. Su esposa le hizo unas ricas tortitas de arroz.

El anciano cortó
madera para una escuela.
Pronto sintió ganas de
comerse una tortita. Sacó
una para comérsela, pero
se le cayó de las manos. Rodó
por el suelo y cayó en un hoyo.

El anciano se asomó al hoyo.

Allí oyó una canción bonita:

—Tortitas de arroz, qué rico.

Déles una a sus amigos

los ratoncitos.

Era una familia de ratones.

—Canten otra vez —dijo el anciano.

Les fue lanzando sus tortitas. Los ratones se las comieron y después siguieron cantando.

El anciano quería
estar más cerca, para
oír mejor el alegre
canto. Pero se acercó
tanto al hoyo, que se
cayó en él, yendo a
rodar hasta el fondo.

—Buen anciano —le dijeron
los ratones—, aquí tiene usted
un pequeño regalo: un saquito
de arroz. ¡Es suyo!

—¡Estupendo! Mil gracias —dijo
el anciano—. Pero, ¿quién me va
a ayudar a salir de este hoyo?

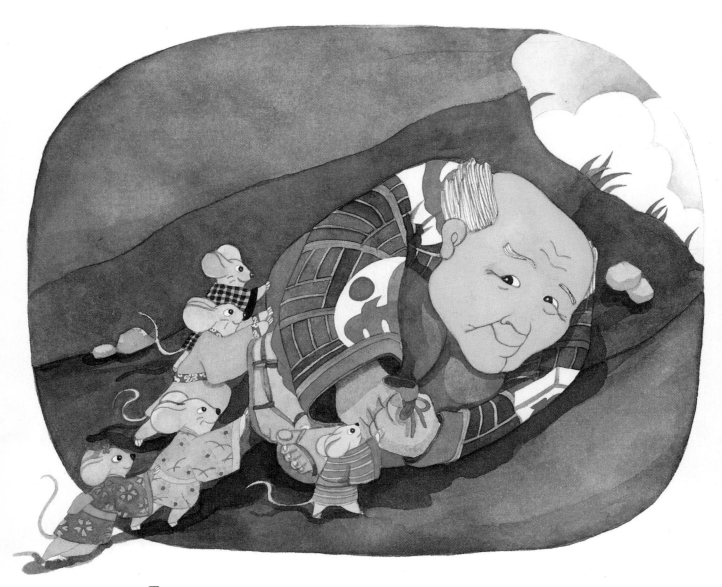

Los ratones cantaron esta
canción: —A ese buen anciano,
que nos dio sus tortitas, de este
hoyo ya lo vamos a sacar.

Y los ratones se esforzaron hasta
que lograron sacar al anciano del
hoyo.

El anciano se llevó el saquito de arroz a su casa. Desde ese día, él y su esposa siempre tuvieron arroz. Tuvieron montones de arroz. Con él hicieron tortitas para todos.

La rata y el gato

por Edward Marshall

ilustrado por James Marshall

Una rata fue a dar un paseo.

—¡Qué buen día hace! —dijo—.

Brilla el sol y todo va bien.

Al poco llegó a una tienda.

—Vaya, vaya —dijo la rata—.

Qué gato tan bonito.

Y yo nunca he tenido un gato.

—Voy a comprar ese gato

para tener un amigo —dijo.

Entró en la tienda.

—Quiero un gato —dijo.

—¿Está segura de que quiere un *gato?*
—preguntó el tendero.

—Estoy segura —dijo la rata—.
Y quiero ése.

—Le costará diez centavos.

—dijo el hombre—. Si está *segura*.

—Estoy segura —dijo la rata—.
Aquí tiene mis últimos diez
centavos. Déme mi gato.

La rata y el gato salieron de la tienda.

—Vamos a ser amigos —dijo la rata.

—¿Tú crees? —replicó el gato—.
Bueno, ya veremos.

La rata y el gato se sentaron
al sol.

—¿Qué haces para divertirte?
—preguntó la rata.

—Me gusta coger cosas
—respondió el gato.

—Eso está bien —dijo la rata.

—Tengo hambre —dijo el gato—.
¿Por qué no comemos?

—Qué buena idea —dijo la rata—.
¿Cuál es tu plato favorito?

—No quiero decírtelo
—contestó el gato.

—Puedes contármelo —dijo la rata—.
Somos amigos.

—¿Estás *segura* de que quieres saberlo?
—preguntó el gato.

—Estoy segura —contestó la rata—.
Cuéntame lo que te gusta comer.

—Te lo contaré —dijo el gato—.
Pero vayamos a un sitio en que
podamos estar solos.

—Me parece muy bien —dijo
la rata.

El gato y la rata fueron a la playa.

—Ya lo sé —dijo la rata—. Pescado.

Te gusta el pescado.

—No es eso —dijo el gato—.
Es algo mucho mejor que
el pescado.

—Cuéntamelo —dijo la rata—.
Necesito saberlo.

—Acércate más —dijo el gato—
y te lo contaré.

—¿Sí? —dijo la rata.

—Lo que me gusta —dijo el gato— es...

¡...EL QUESO! ¡Me encanta el queso!

—A mí también —replicó la rata—.
Y tengo un poco aquí.

—¡Viva! —exclamó el gato—.
Y ahora somos amigos.

Se sentaron en la playa
y comieron el queso.

Y colorín colorado...

Conozcamos al autor e ilustrador

Edward Marshall y **James Marshall** son la misma persona. El segundo nombre de James Marshall es Edward. A veces usa el nombre de James. Otras veces usa el nombre de Edward. Para el cuento "La rata y el gato", usó ambos nombres.

Hablemos

Si fueras la rata, ¿comprarías un gato? ¿Por qué?

Seamos amigos

Ahora imagina que eres el gato. ¿Por qué te gustaría ser amigo de la rata? Dale dos razones a un compañero o compañera.

Ahora mismo

Los verbos pueden indicar una acción que ocurre ahora.

Los niños **preparan** la limonada.

Los niños **beben** la limonada.

Habla

¿Qué comidas has preparado? ¿Cómo las preparaste?

Escribe

Escribe sobre dos de tus comidas favoritas.

La sombra de Miguel

por Marisol Pereira
ilustrado por Darcia Labrosse

Miguel no deja de correr.

Tiene mucho miedo.

Algo lo asusta

a la hora de recreo.

Miguel no sabe que lo que ve
en el suelo o bajo el árbol
de la escuela es su sombra.
Por eso tiene mucho miedo.

Cada vez que Miguel la mira
la sombra cambia de tamaño.
A veces Miguel saca su silbato,
pero la sombra no lo deja tranquilo.

Miguel se mete debajo de la mesa.

—Sal de allí —le dice la maestra.

—Lo haría —dice Miguel—,
si algún día eso se fuera.

—Miguel —dice la maestra—.

Mira el suelo.

Es tu sombra, eso es todo.

Es grande cuando te alejas,

pequeña cuando la tocas.

—Es sólo mi sombra.

No es hombre ni animal.

Es un amigo cariñoso.

Es mi amigo especial.

Tengo miedo

por Ivar Da Coll

Es hora de dormir.

Hay tanto silencio que se oye el golpear de las hojas contra el cristal de la ventana. Todo está oscuro. Sólo unas pocas estrellas acompañan a la luna en el cielo.

Eusebio no se puede dormir.
Tiene miedo.

—¡Ananías! ¡Ananías! ¿Estás dormido?
—pregunta Eusebio muy bajito.

—No, aún no —responde Ananías—.
¿Qué te pasa?

Eusebio le cuenta por qué no puede
dormir tranquilo.

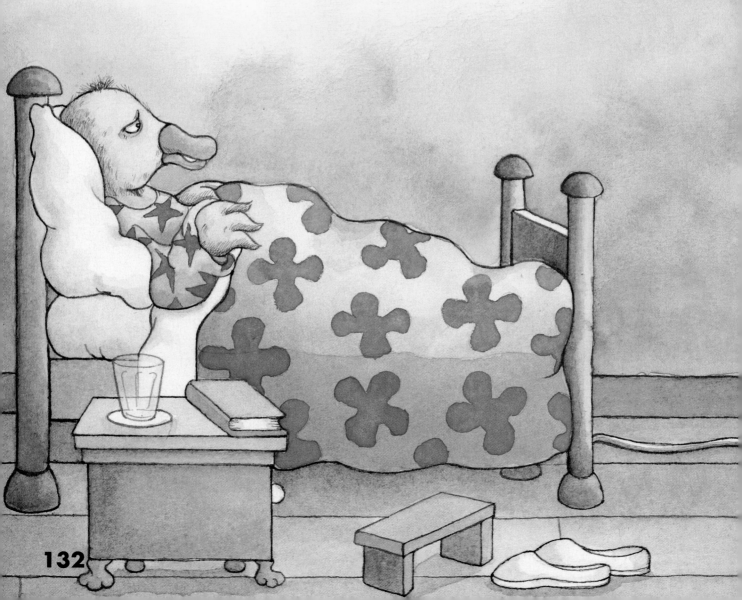

—Tengo miedo de los monstruos
que tienen cuernos...,

134

de los que escupen fuego...,

de los que son transparentes...,

de los que tienen colmillos...,

de los que vuelan en escoba
y en la nariz les nace una verruga...,

de los que se esconden en los lugares oscuros y sólo dejan ver sus ojos brillantes…, de todos, todos ésos que nos asustan, tengo miedo.

—Te entiendo —replica Ananías—.
Ven, siéntate a mi lado y deja que te
cuente algo —le propone.

—Sabías tú que los que escupen fuego...,

los que tienen cuernos...,

los que son blancos, muy blancos,
tan blancos que parecen transparentes...,

los que tienen colmillos...,

los que vuelan en escoba
y tienen una verruga en la nariz...,

los que se esconden en lugares oscuros
y sólo dejan ver sus ojos brillantes...

también deben lavarse los dientes antes de ir a dormir.

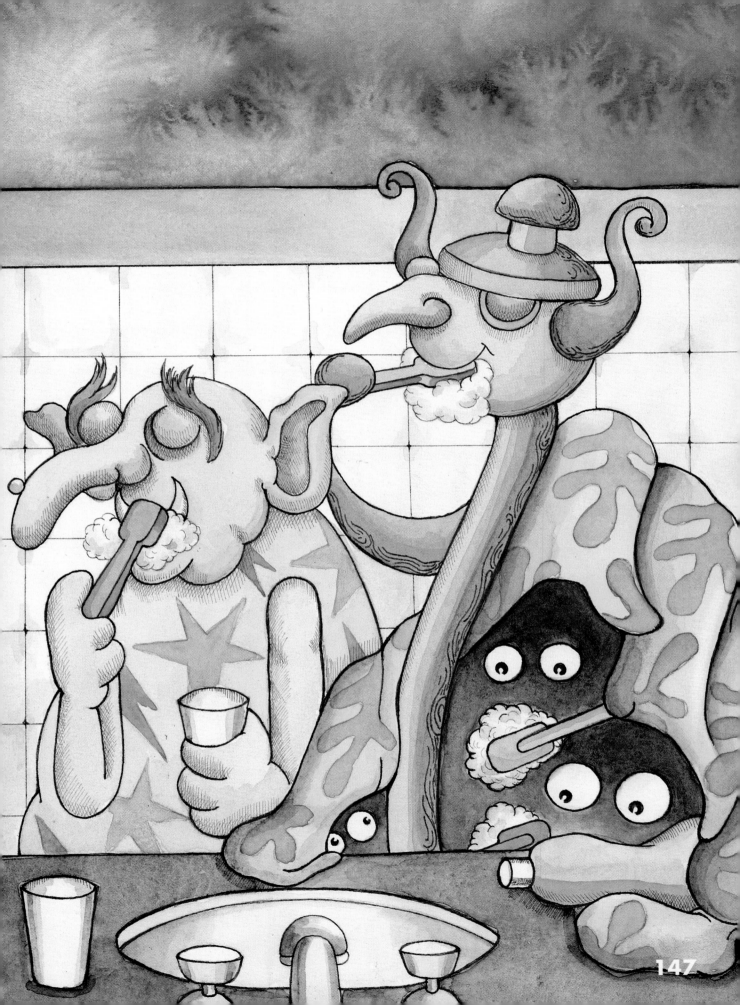

A veces no les gusta la sopa.

Se bañan bien con agua y jabón.

151

Les da miedo cuando sale el sol.

Prefieren los helados de muchos sabores.

Y les gusta mucho jugar a la pelota.

—¿Es cierto todo eso? —pregunta Eusebio.

—Claro que sí —responde Ananías.

—¿Sabes? Ya no tengo miedo. Ahora me voy tranquilo a dormir a mi cuarto.

—Hasta mañana, Eusebio.

—Hasta mañana, Ananías.

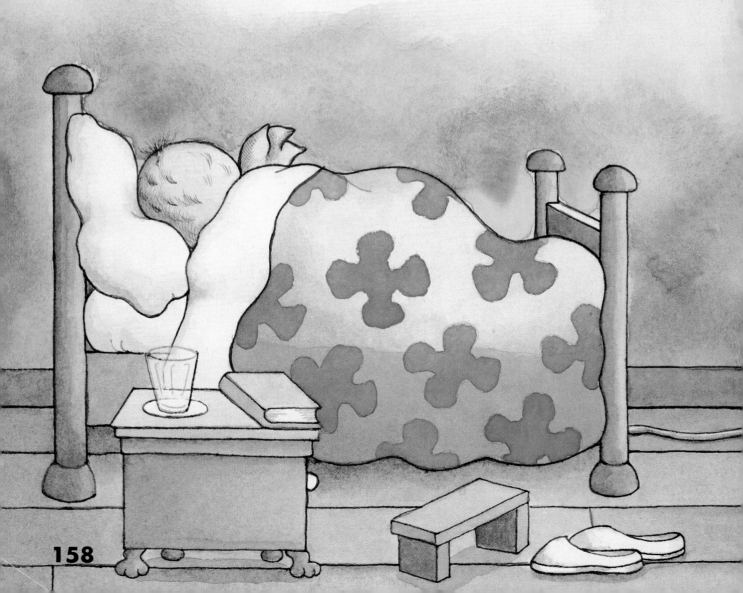

Conozcamos al autor e ilustrador

Ivar Da Coll

Cuando Ivar Da Coll era pequeño en Colombia, le gustaba jugar con los animales y dibujarlos. Ahora escribe e ilustra sus libros. Le encanta escribir cuentos para niños. También le gusta inventar personajes basados en sus gatos.

No tengas miedo al ruido

por José Luis Hidalgo

No tengas miedo al ruido
que se oye fuera,
es el viento que corre
sobre la hierba.

No tengas miedo al viento,
que él es tu amigo,
el viento Sur es bueno
para los niños.

Y cuando llega el día
saldrás al campo
y jugarás con el viento
sobre los prados.

Hablemos

¿Cuál es tu monstruo favorito en este cuento? ¿Por qué?

Dibuja los monstruos

Piensa en otras cosas que a los monstruos les gustaría hacer. Dibújalos haciendo esas cosas. Ponles nombres a los monstruos.

Pepe

Lalo

162

Monstruos normales

A veces un verbo indica lo que ocurre ahora y otras veces, lo que ocurrió antes. Su terminación cambia de acuerdo a cuándo ocurre la acción.

Hoy el monstruo **está** en la escuela.

Ayer domingo **estaba** en el zoológico.

La semana pasada estuvo en el parque.

Habla

Di qué hiciste ayer en casa cuando llegaste de la escuela. Usa verbos en pasado.

Escribe

Escribe una lista de las cosas que hiciste ayer. Compárala con la de un compañero. ¿Hicieron diferentes cosas?

Adivina, adivinador

por

Margarita Robleda Moguel

Las adivinanzas son
juegos con palabras.
Son muy divertidas.
Vamos a contar algunas.
¿Listos?

No soy reloj, ni soy máquina.
Lo mío es cantar y despertar
a la gente.

¿Tienes idea de quién soy?

Es un gallo. ¡Excelente!

**Por la mañana canta y despierta
a la gente.**

Antes yo era un árbol, pero
ya no vivo en el bosque.
Viajo de un lugar a otro en
la bolsa de un cartero.

¿Tienes idea de quién soy?

¡Una carta!
Muy bien.

Las cartas se guardan en la bolsa
de un cartero. Están hechas de
papel. ¿De dónde viene el papel?
Sí, de los árboles.

Las adivinanzas son cosquillas que nos hacen las palabras. Las adivinanzas son divertidas. No hay nada mejor para hacernos reír...

¡muchísimo!

¿Ya ves?

por Margarita Robleda Moguel
ilustrado por Andy San Diego

Un día Nico y Nina se
encontraron en el mercado.

—Hola, Nina, ¿qué cuentas?
—dijo Nico.

170

—¿Qué es algo y nada a la vez? —comienza Nina.

—¿Qué es algo y nada a la vez? —repite Nico—. ¿Cómo puede ser algo y nada a la vez?

—¡Siendo un pez! —responde
Nina—. Porque es algo y nada
a la vez. ¿Ves? Un pez nada
y es algo a la misma vez.

—¡Oh, ya veo! —dice Nico—.
¡Qué buena adivinanza!
Ahora escucha la mía.

Nico piensa un momento.
Luego dice: —Ya ves, qué
claro es. Adivina lo que es.

Nina repite: —Ya ves,
qué claro es... ya ves qué
claro es.

—Ya ves, ya ves —dice Nico—.
Te doy una pista. ¿Qué tal si
en vez de una "y", le pones
doble "l" y dices...

—¡Llaves! —grita Nina—.
Eso es. ¡Son las llaves!

—¿Ya ves? —dice Nico.

Nina le dice: —Escucha este trabalenguas.

—Compadre cómpreme coco,

compadre coco no compro,

porque el que poco coco come,

poco coco compra.

Yo, como poco coco como,

poco coco compro.

—¡Qué buen trabalenguas!

—dice Nico—. ¡Co, co, co!

—Co, co, co me recuerda otra
adivinanza —dice Nina.

—Una señora muy aseñorada
llena de remiendos
sin ninguna puntada.
Pone huevos echada.

—Ésa está muy fácil. Es la
gallina —dice Nico.

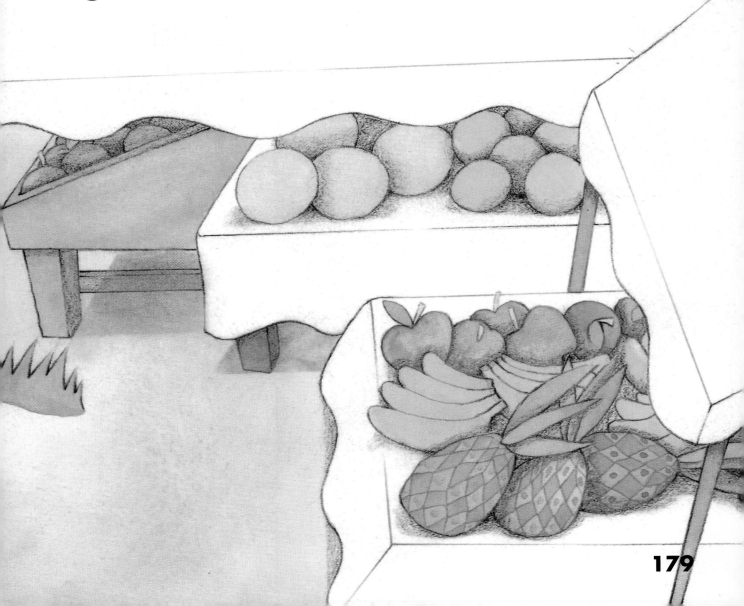

—Yo te digo una mejor:

Blanca por dentro,

verde por fuera.

Si no sabes la respuesta,

espera.

—¿Espera? —dice Nina.

—Sí —dice Nico—. Espera.

—¡Ah! Ya veo. ¡Es pera!
Una pera es blanca por
dentro y verde por fuera
—dice Nina.

Y los dos amigos se rieron
y se rieron.

Conozcamos a la autora

Margarita Robleda Moguel nació en México. Antes de ser escritora, entretenía a los niños cantando y tocando su guitarra. Le gustaba decirles adivinanzas y trabalenguas.

Conozcamos al ilustrador

Andy San Diego decidió ser ilustrador al darse cuenta de que le gustaba dibujar. En sus ilustraciones usa los colores de los paisajes del suroeste de Estados Unidos, donde creció.

Hablemos

Nico y Nina se divierten con los trabalenguas y las adivinanzas. ¿Te parecen divertidos a ti? ¿Por qué?

Libro de adivinanzas

Piensa en una fruta o animal. Escribe una adivinanza que dé pistas sobre eso. Haz un libro de adivinanzas con tu clase.

Adivina, adivinador

A veces un verbo describe una acción que va a pasar más tarde. Para decir una acción que pasará más tarde se usan dos verbos y la palabra **a**.

Hoy te **digo** una adivinanza.
Ayer te **dije** una difícil.
Mañana te **voy a decir** una fácil.

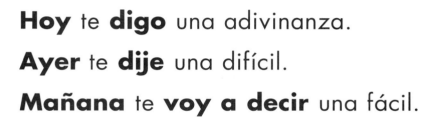

Habla

Aprende una adivinanza nueva. Pide a tu clase que adivine la respuesta.

Escribe

Una amiga te invita al cine, pero no puedes ir. Escríbele lo que vas a hacer. Usa verbos en futuro.

Glosario

Palabras de los cuentos que leíste

Aa ———————————————————————

antes Llegaste **antes** que yo. **Antes** yo vivía en otra casa.

Cc ———————————————————————

cerco Un **cerco** es una valla o muro que rodea un jardín, patio o campo. Mi abuela sembró un rosal junto al **cerco**.

Dd ———————————————————————

del **Del** quiere decir que algo es de alguien o que viene de alguna parte. La camisa es **del** señor López.

después Comí **después** de bañarme. Fui a la escuela y **después** al parque.

Ee ———————————————————————

él **Él** vino a mi casa.

entonces Si me dices dónde está, **entonces** voy a buscarlo.

escuela Una **escuela** es un lugar donde se aprende en grupo. Aprendo a escribir en la **escuela**.

ese Leímos este cuento hoy, y vamos a leer **ese** cuento mañana. **Ese** niño es simpático.

Hh

había **Había** mucha gente en la playa.

haría Si tuviera tomates, **haría** una ensalada.

hombre Cuando un niño crece, es un **hombre**.

hormiga Una **hormiga** es un insecto pequeño que vive en colonias debajo de la tierra.

Ii

idea Una **idea** es un pensamiento o un plan.

Ll

lugar Un **lugar** es un sitio o espacio. Nunca habíamos ido a ese **lugar**.

Ll ll

llevar **Llevar** es mover algo de un lugar a otro. Me gusta **llevar** las compras.

Mm

mejor Lo **mejor** es lo más bueno. Esta naranja se ve **mejor** que ésa.

bueno　　　　　　　　　　　**mejor**

México **México** es el país que queda al sur de Estados Unidos.

mío Lo **mío** es lo que me pertenece a mí. Este libro es **mío**.

mucho **Mucho** es bastante o una gran cantidad. Tengo **mucho** calor.

Nn

nos A Julia y a mí **nos** regalaron máscaras.

nuestro Algo **nuestro** es de nosotros. Éste es **nuestro** jardín.

Pp

pero   Quiero ir a jugar, **pero** es hora de comer.

perro   Un **perro** es un animal que muchas personas tienen de mascota. Mi **perro** se llama Lobo.

Qq

querer   **Querer** es desear hacer algo. Mis abuelos van a **querer** venir temprano.

Ss

sabías   ¿**Sabías** que la luna no es de queso? No **sabías** cómo llegar a mi casa.

Tt

todo   Recogimos **todo** después de la fiesta.

Yy

ya   **Ya** voy a salir porque terminé las tareas.

Zz

zorro   Un **zorro** es un animal salvaje parecido al perro. Tiene el hocico estrecho y la cola ancha.

Palabras evaluadas

El zorro que quería ser lechuza

La mejor manera de cargar agua

del
entonces
lado
perro
zorro

Ceci habla con su abuelo

La hamaca de la vaca

cerco
había
hormiga
le
llevar

La visita de Ximena y tío Arturo

Nuestra reunión familiar

así
nos
nuestro
pero
querer

El hoyo escondido

La rata y el gato

después
él
escuela
ese
ya

La sombra de Miguel

Tengo miedo

algún
haría
hombre
mucho
sabías
todo

Adivina, adivinador

¿Ya ves?

antes
idea
lugar
mejor
mío

Acknowledgments

Text
Page 16: "La mejor manera de cargar agua" from *Juan Bobo Four Folktales from Puerto Rico* retold by Carmen T. Bernier-Grand. Text copyright © 1994 by Carmen T. Bernier-Grand. Illustrations copyright © 1994 by Ernesto Ramos Nieves. Used by permission of HarperCollins Publishers.
Page 46: *La hamaca de la vaca* by Alma Flor Ada. Illustrated by Viví Escrivá. Text copyright © 1991 by Alma Flor Ada. Illustration copyright © 1991 by Viví Escrivá. Reprinted by permission of Santillana USA.
Page 95: "A tapar la calle" from *Hispanic Games and Rhymes* by Cynthia Downs and Gloria Erickson. Reprinted by permission of Ideal • Instructional Fair Publishing Group.
Page 106: Abridgment of "El cuento de Sam" de *Tres junto al mar* by Edward Marshall. Illustrated by James Marshall, translated by Flora Casas, pp. 20-34. Text copyright © 1981 by Edward Marshall. Illustrations copyright © 1981 by Edward Marshall. Copyright © 1983 by Ediciones Alfaguara, S. A. First published in the U.S.A. by The Dial Press, 1981. Reprinted by permission of Sheldon Fogelman and Santillana, S.A.
Page 130: *Tengo miedo* by Ivar Da Coll. Copyright © 1989 by Ivar Da Coll. Reprinted by permission of Panamericana Editorial LTDA.

Page 161: "No tengas miedo al ruido" by José Luis Hidalgo from *Canto y cuento: Antología poética para niños* by Carlos Reviejo y Eduardo Soler. Text copyright © 1997 by José Luis Hidalgo. Reprinted by permission.

Artists
Maryjane Begin, cover, 8-9
Maya Itzna Brooks, 10 - 15
Lulu Delacre, 16 - 37
Stacy Schuett, 38 - 45
Viví Escrivá, 46 - 69, 70
Bari Weissman, 71
Eugenie Fernandes, 72 - 77
Laura DeSantis, 95
Marisol Sarrazin, 96, 97
Oki S. Han, 98 - 105
James Marshall, 106 - 121
Anthony Lewis, 122, 123
Darcia Labrosse, 124 - 129
Ivar Da Coll, 130 - 160, 162, 163
Simon James, 161
Liisa Chauncy Guida, 162
Carol Maglitta, 164, 166, 168-9
Andy San Diego, 170 - 185

Photographs
Page 36 Allan Penn Photography for Scott Foresman
Page 70 Allan Penn Photography for Scott Foresman
Pages 78-94 Jim Markham for Scott Foresman
Page 121 Courtesy Houghton Mifflin Co.
Pages 164-165 Allan Penn Photography for Scott Foresman
Page 166 © Susan Van Etten/Stock Boston
Page 167 Boy, Allan Penn Photography for Scott Foresman
Page 167 (L) © Robert Frerck/Odyssey Productions/Chicago; (CR) © Paul Conklin/PhotoEdit; (BR) © Lawrence Migdale/Stock Boston
Page 168 Boy, Allan Penn Photography; (CL) © Jeff Greenberg/Photo Edit; (CC) © Joseph Nettis/Stock Boston; (CR) © Richard Hutchings/PhotoEdit
Page 169 Allan Penn Photography for Scott Foresman
Page 184 Allan Penn Photography for Scott Foresman